ILIFA

ILIFA

IMIBONGO

ATHAMBILE MASOLA

UHLANGA

2021

Ipapashwe okokuqala eThekwini, eMzantsi Afrika

ngabakwa-uHlanga ngonyaka ka2021

UHLANGAPRESS.CO.ZA

Isasazwe ngaphandle koMzantsi Afrika li-African Books Collective

AFRICANBOOKSCOLLECTIVE.COM

ISBN: 978-0-620-92815-1

Ihlalutywe nguOscar Sibabalwe Masinyana noSim Matyobeni
Uyilo loqweqwe nokudityaniswa kwencwadi yenziwe nguNick Mulgrew
Umfanekiso woqweqwe unikezelwe ngumbhali

Imibhalo esetyenzisweyo nguGaramond Premier Pro 11pt kunye no 15pt

❦

Imibongo "Incoko" kunye "Oomama bomthandazo" zapapashwa okokuqala
kwincwadi ethi *Kauve: The Women's March in Pretoria 1956,
64th Anniversary* (Skotaville, 2020). "ixhanti lam" yapapashwa okokuqala
e*Prufrock*, No. 2, 2013. "Ukunyamalaliswa" iqulethe isicatshulwa esivela
kwi-*A Room of One's Own* nguVirginia Woolf (1929).

ISALATHISO

IMIBULELO

Ndibulela kuMdali, amaGcina namaBhele: iinceba
zimi ngonaphakade.
Ndibulela kubazali: enkosi ngemizamo yenu.
Ndibulela kubasekhaya ingakumbi abatshana bam
abangumfanekiso wothando.
Ndibulela kubantu abandigcinileyo: Athi Koyana,
Ncedo Koyana, Qawekazi Maqabuka, Siphokazi
Magadla, Mbongeni Allan Magubane, Babalwa
Magoqwana, Tando Ntunja, Thulani Mkhize,
Milisuthando Bongela, Makhosazana Xaba.
Ndibulela kubantu abandinika amaphiko:
Zoya Mabutho, Xolisa Guzula, Lidudumalingani
Mqombothi, Mthunzikazi Mbungwana,
Nomathamsanqa Tisani, Julie Nxadi, Nomalanga
Mkhize, Hleze Kunju, Nosipho Mngomezulu,
Maia Marie, Lali Tshikalanga, Mbali Marais, Lweendo
Hamukoma, Dani Cooper, Charissa Shay, Thando
Mgqolozana, Nobulali Dangazele, Kholeka Shange
nabo bonke abahlobo bakaLwesine.
Ndibulela kubantu abandifundisileyo: Carol Felton,
Lynda Spencer, Pamela Maseko, Bulelwa Nosilela,
Ntosh Mazwi, Russell Kaschula.
Iqumru lwababbhali: Usiba.
Oscar Masinyana: sisuka kude. Ubukho bakho
yi-oxygen. Tshotsh'ubekho.
Ndiyabulela uHlanga: Nick Mulgrew noSim Matyobeni.
Nangamso.

— A.M., 2021

INTSHAYELELO

"Asinakuthula umhlaba ubolile"

— *NONTSIZI MGQWETHO,*

Umteteli wa Bantu, 1924

Le mibongo ndiyibhalela intombi endakhe ndayiyo. Ukukhula kwam isiXhosa bendisingcamla ekhaya nasecaweni. Esikolweni, bendisonganwelwa sisiNgesi. Ndikhumbula ndineminyaka elishumi elinanye; ndi ngasafuni ukuthetha isiXhosa. Umama wathetha into esandizungula kunanamhlanje: "Mntan'am, njeng'ba wena ungafuni ukuthetha isiXhosa sakowenu, uJessica yena soze ayeke ukuthetha isiNgesi sakowabo. Ukuba ungaya naseFrance, uya kufika abantu baseFrance bethetha isiFrench sabo". Umama zange avume uku ndinikezela kubelungu ababefuna ukundingena entloko. Kunyaka wesithathu kwisidanga seBA ndaye ndaqala ukufunda isiXhosa; ndaqwalasela ingakumbi kuncwadi. Izibongo zesiXhosa ndiye ndazifunda ngenxa yokupapashwa kwemibhalo kaNontsizi Mgqwetho[1]. Ndandiqala ukufunda amabali kaJordan, *Kwezo mpindo zeTsitsa* (Lovedale Press, 1974), kwakunye nemibongo kaJolobe, *Umyezo* (MacMillan, 2008). Oku kuthi imbali yezibongo zesiXhosa ityebile yaye kumele ababhali abatsha bangavumi ukuba eli siko nelifa looMqhayi, ooJolobe nooMgqwetho liphelele emoyeni.

---

[1] Iqokelelwe nguJeff Opland, yaguqulelwa nguAbner Nyamende noPhyllis Ntantala, Wits University Press, 2007.

Umnqweno wam ngowokuba le mibongo ilapha inganako ukongeza kwelilifa sesinalo ukuze ubumnandi bengcamango yesiXhosa bungabhangi ngelethu ixesha. Le mibongo iyabalisa. Maxawambi ndibalisa ngobomi bam, ngamanye amaxesha ndibalisa endikubonileyo, endikutyhilelweyo nendikumameleyo.

"Zintombi zeAfrika qhubani eyenu indima ekuyibuyiseni nasekuyinyuseni iAfrika, elilizwe lokuzalwa kwenu. Xa siyenzileyo ke indima yethu ngabanye, singahlali sisonge izandla, kofaneleka xa sithi, 'Nkosi sikelel' iAfrika, maluphakame uphondo lwayo!'"

—*VICTORIA SWAARTBOOI,*
UMandisa, 1934

9

Kungenxa yakho Ndzopha.
KuAthi; ndibulela uthando nemithandazo.
Nindenza umntu.

UMYALELO WENTOMBI

UMYALELO WENTOMBI

Ukhuthale
Ube nembeko
Ube nes'dima
Unyamezele.

Intombazana ayilali emini,
Ukwazi ukuququzela.

Ungabhentsi
Ungathethi gqithi
Ungabiz'amehlo
Ungakhwazi.

Umlenze, iqhiya
Ispaji, unondrokhwe

Umthandazo.

IINYAWO ZINODAKA

Bendikhe ndathatha uhambo
Olu hambo lundixhobisile...

Ndandiba ndiyazi apho ndiyakhona
Ndandiba ndikhatshiwe, andihambi ndedwa
Ndandiba ndiza kukhulula izihlangu
Ndingqengqe.

Kwaqala ngomkhwitsho nje odlulayo
Kwalandela isivunguvungu somoya
Yagaleleka imvula
Enyuka amanzi
Sangena isaqhwithi endlwini.

Agaleleka ngesantya amanzi endlwini
Khange ndibe nalo icebo.

Yangunxwe-e-e-e ezindlebeni zam

Ndivela khona
Iinyawo zinodaka.

Le mvula yaba sisichotho esichithayo.
Ndalizolela izulu
Ndalibukela
Ndalimamela izulu
Sadlula isichotho

Sashiya izigaqa zodaka olukhwanqisayo.

Ndivela khona
Iinyawo zinodaka.

Ndabukela. Ndasisidenge.
Ndimile njalo ndasetyezelwa:
Izulu liyadlula.

IGAZI

If I continue biting my tongue
Ndiza kumumatha igazi

Ndithini xa nditsarhwa?

Ndithini xa ndikhonyuluka?

              Ndiginye?

Ndigabhe?

INENE NDIDANILE

Bendiba ndizityanda igila
Apho wena uya kuliganga uligocagoce.
Undibethe ngelaphu elimanzi
Nkamalala, ndoma amathe.

Ndithi mandiyithethe!

Uphume apho ndingalindelanga khona
Waphuma ndisajonge kwelinye icala.

Ingaba bendilindele ntoni na 'de ndothuke kangaka?

Enyanisweni bendiba singahamba kunye,
Bendithembe ukuba sakuthi chu-u-u
Kunye.
Inene ndidanile.

Kuba nali ithemba lam.
Lomile, ezandleni zam.

UKUWA

Ndiye ndavala amehlo
Ndabombatha okwengubo ubumnyama.

Ingqondo yam iye yaminxeka
phakathi ko-mxim nesazela.

Intliziyo ibivuthululwa yimibuzo engenampendulo.

Safika isaqhwithi ndigoqoza.

NGOKWEXESHA

Ebusika wathi wonele.
Kwakusekudala.
Zange ndikucenge.

Wandishiya ngeNtwasahlobo.
Wandifulathela.
Umqolo wangaphandle.

Kusehlotyeni
Ndigcakamele ilanga.

IINTOMBI EZILALA EMINI

Kukho iintombi ezingqengqa emini
Ziyolelwa kukuphunga ubuthongo zizolile.

Azingxami.

Ezi zintombi ezingavuki neentaka
Zivuka xa kuvuma umzimba.

Ziyazimamela.

ISIFEBE

NgeCawa ucula uSiyakudumisa.
NgoMvulo uyaphangela.
NgoLwesibini usentlanganisweni yesikolo sabantwana.
NgoLwesithathu ubukela uMzansi Magic.
NgoLwesine uya emanyanweni.
NgoLwesihlanu yi-nice-time negals.
NgomGqibelo udibana noTemba;
Okanye uXolani,
Okanye uSam.
Ok'salayo ufumana le nto ayifunayo.
NgeCawa ucula uSiyakudumisa.

IZAZISO

Isaziso sokuqala: imilozi yabafana
Isikhumbuzo: umzimba wakho ndingawuthatha nanini na

Isaziso sesibini: amehlo abomvu exhego
Isikhumbuzo: ndiyakukhulula ndikufuna uhamba ze

Isaziso sesithathu: izandla zikanoteksi emathangeni
Isikhumbuzo: la mathanga ngawam lo mzuzu ukhwele ngaphambili.

Isaziso sesine: ikhwelo lo mfana erenkini
Isikhumbuzo: "Ngas'ke undifake kulo mathanga baby"

Isaziso sesihlanu: isimemo somfundisi
Isikhumbuzo: "Sondela ndiphuze kaloku"

Isaziso sesithandathu: intlanganiso namadoda
Isikhumbuzo: "Uthini wena ntomb'encinci?"

Isaziso sesixhenxe: imissed calls ezilithoba ezisuka kwidean ethanda
    abantwana
Isikhumbuzo: ndiyakufuna

Ezi zaziso zigunyaziswa ngamakhwenkwe, abafana, amadoda
    namaxhego esiwaziyo nabo singabaziyo

Isikhumbuzo: All men.

WAKRAZULWA

Yeyani na le mikrozo kule ntliziyo yakho?

Xa ndikujonga ungumqaba-qaba
Xa ndikubuza uthi akhontw' ibitheni
Xa uhamba ufana nomntu wonke
Uncuma njengomntu wonke
Uhleka njengomntu wonke
Kodwa
Wakrazulwa.

Intiyo yomntu uyayazi
Wazibonela ngamehlo akho.
Amehlo omntu ayathetha.
Ngakumbi umntu omaziyo.
Wagqibela nihleka, nigigitheka
Kumnandi

Kodwa wothuka xa ephezu kwakho.
Waphelelwa ngamandla wakubona intiyo yakhe.

Wakrazulwa ngenxa yokungabi naw' amandla,

Wakrazuka.
Wopha.
Inxeba elingapheliyo.

Wanenxeba likaYesu.

Mawuhlanjululwe
Mawuhlanjululwe
Mawuhlanjululwe...

IINYEMBEZI

Ndiyazana neenyembezi ezifika ndingalindelanga.
Zifika kuthe cwaka.
Kodwa abantu balindele isijwili
Esithwalisa izandla entloko.
Abanye balindele isikhalo
Esikrakra esihlasimlisa umzimba
Nje ngosana olulambileyo.

Kodwa xa zifika iinyembezi
Imini ifana nezinye.
Zilandela imbali, isikhumbuzo, ingoma echukumisayo.

Ngezinye imini zezam
Ngezinye imini ndikhumbula ezikamama.
Ngezinye imini kuthi qatha ezikatata.

Zonke ziyathetha:
Zisikhumbuza ukuba siyinyama ephilayo
Zikhupha okufihlakeleyo
Ziveza umonakalo ongathethekiyo
Zicela uxolo.

COCONUT

Khaw'zithuthe!
Ndithini?
Zithuthe!
I don't know what that means.
Awukwazi ukuzithutha?
I don't know what that means.
Iziduko zakho!
Zitheni?
Zithini?
Oh! Is that what you mean? Well...
My dad only gave me 5. Said I wouldn't remember zonke.
Zithini ke?
MamGcina, Nokwindla, Xhamela, Ncancashe... Forgot the last one...

Helushe?

Maybe.

HLATHI

NdiseKapa.
Uthi uTata wazalelwa apha.
Ndizama ukuzoba umfanekiso wakho kweliKapa.

Nanihlala phi?
Isonka wawusithenga phi?

Ingxaki andikwazi ncam ncam.
Ndikwazi ngegama nangefoto.

Ndide ndalizoba igama lakho nge-inki engalweni
Ngethemba lokukusondeza.

UKUZILANDA

Ndaqala kuGcina Mhlophe kuMhlobo Wenene ngenxa kamama
Kwalandela u*Zenzele* kaNozipho J. Maraire ndiselibrary
Kwathi gqi u*Daughters of Africa* ngenxa kaAthi
Ndaboleka u*And they didn't die* kuBoitumelo
UBessie Head ingathi ndambolekwa nguNtshadi
Mna ndapha uNtebatse u*Zenzele* kaNozipho J. Maraire
Ngenxa kaNomalanga noBabalwa noSiphokazi nam ndade ndamazi
    uMam'Tisani
Watsho walandela uNontsizi Mgqwetho noSindiwe Magona ngenxa
    kaThulani
Ndide ndeva ngoMakhosazana Xaba ngenxa kaSiphokazi
Ndangena ndamila nakuNoni Jabavu ngenxa kaKhosi
Ndadibana noFatima Dike kwingqungquthela yabafazi baseAfrika.

La magama alilifa lam nawe
Abo ndibaziyo
Nabo ndingabaziyo
Ilanga lingatshoni phezu kwabo
Basihlahlele indlela.

Abanamda

Bakukutya sakulamba
Bangamanzi sakunxanwa
Bangamandla sakutyhafa
Bayinyaniso xa sixokiselwa

Fundani nizakubazi
Buzani niya kuphendulwa
Bhalani bangabhangi.
Nizilande.

IMBALI

Zibhale kodwa ungabhali esantini
Hleze uhambe namanzi olwandle

Zibhale kodwa ungabhali emthini
Hleze bawugawule okanye bawutshise

Zibhale kodwa ungazibhali ngamafu
Hleze abaleke nomoya okanye abeyimvula

Zibhale kodwa ungabhali ngembola nodaka
Zona zihlambeka lula ngamanzi

Zibhale ngesiqu sakho
Abo banamehlo bakubone

Zibhale ngelizwi lakho
Abo baneendlebe bakuve

Zibhale ngeenyawo zakho
Abo bafunayo bakulandele

Zibhale ngobuqu bakho
Bungaze buvuthuluwe nje ngothuli.

OOMAMA BOMTHANDAZO

9 August 1954

A re rapeleng
Modimo Ntate
Modimo Mora
Modimo Moeoa
O halalelang
Ntate rona yamahodimong
O Morena wa marena
Wena unguNkulunkulu osithandayo
Namhlanje siza kuwe
Sicela uvikele ubumnyama
Xa sibheka ePitoli.

Sithandazela iingane zethu
Imindeni yethu
Ngale mini ibaluleke kangaka.
Hamba nathi njengoba wahamba namaSirayeli entlango.
Lo msebenzi wokubhukuqa lo mbuso
ngumsebenzi esiwuthwaliswe nguwe Moya oyingcwele.
Dira ho nna diqhalane
Ke hloletshwe ke wena
Le matla, Le khanya ka ho safeleng.
Amen!

INCOKO

9 August 1954

Tyhini MamBhele! Nawe ulapha kanti!

Ewe MaDlamini! Akuvumanga ndingazi xa nihlaba ikhwelo lokuza ePitoli.

Niyaphila phofu?

Hayi noko siyacenga; ngaphandle nje kokucinezelwa ngala mabhulu. Nina niqhuba njani?

Hayi nathi sinyamezele nangona uTat' ekhaya ebengafuni ndize apha namhlanje ngelithi yinkcitha' xesha lo msebenzi wethu.

Uya kuthini xa esibona siyilenginginya ingaka emaphepheni! Lonto ndivile ukuba amadoda aphezulu kuKhongolose ebesithi soze ilunge le nto yethu. Yewaaaa!

Injalo Bhelekazi! Akhonto iyindoda egalela amanzi umsebenzi wamakhosikazi; sibavale umlomo ngokuzidina size apha namhlanje. Lonto abantu baphumile ngobunintsi obungathethekiyo.

Ewe Zizi! Bekunyanzelekile. Sishiye abantwana nemfuyo emakhaya ukuze sizibonele ukuba umthetho onzima ubhukuqwa njani. Kodwa mfazi, athini amabhulu?

Yhuuu kunini silindile! Kuthiwa ubalekile uStrijdom!

Hayi ngumhlola! Ufanele ukubaleka; inoba uvile ukuba asimoyiki.

Ewe, injalo. Yaye uyayazi ukuba usinika amaphiko; asibuyi ngamva emva kwanamhlanje.

Kumele sibaxelele emakhaya ukuba nangona engazanga ngobuqu bakhe uvile apho akhoyo ukuba asingomagwala. Asimoyiki tu. Ufane wasigrogrisa ngalo mthetho. Imini yakhe iyeza.

Inene Bhelekazi ndiyavumelana nawe. Ma'khe simamele, naba ooMasediba bebuya nengxelo.

UKUNYAMALALISWA

Amagama ethu aphaphatheka nomoya
Amazwi ethu akhaphukhapu njengeli phepha ndibhala kulo
aphela engumgubo

Ubuqu bethu bukhiwa ngetispuni.
Iingcinga zethu zisesithendeni kwezemfundo
Iimbuso zethu zifakwa ezincwadini kodwa kungabikho gama
('For most of history, Anonymous was a woman.')

Abanye bade bazingombe isifuba ngegagu
Besithi zange babhale nto iphucukileyo abantu ababhinqileyo
Xa ndibaphikisa ndivumbulula amagama angenambuso:
Ndiyabazi babephila kodwa andinawo umfanekiso-ngqondweni.

Baluthotho elikhwankqisayo
Ndiyabeva bekhwaza besithi:
Ningavumi!
Ningavumi silityalwe!

Ningarhoxi
Ningatyhafi
Ningarhoxi
Ningatyhafi

Ekhe nabanika ithuba
lokuba bathi sasingekho
niyazi ukuba nani amagama enu azakutshona, kuth'we
anaziwa
anikho
aniyonto
Nani, ninyamalale.

UTHANDO

IZWI ELIDALA

Ekuqalekeni ube ekho uLizwi

Mntan'am, kudala ndikubukele
Ukuwa nokugruzuka kwakho.
Ndibukele: indlela ozithengisa ngayo,
ukhangela lowo ongakuthenga ngesheleni.

Ekuqalekeni ube ekho uLizwi

Mzukulwana wam ndikujongile,
Ndinomdla wokuba uyakuzibona nini
ukuba uyigolide.

Ekuqalekeni ube ekho uLizwi

Mfanekiso wam, ndihoye
xa ndikusebezela ndisithi
uphelele, awushoti nganto.

Ekuqalekeni ube ekho uLizwi

UMTHANDAZO

Nalu usana
lujonge kuwe.
Ukhumbule awuhambi wedwa
Ukhatshwa ngamazwi oomama
abaye bakusingatha usakhula.

Vula intliziyo yakho.
Cenga umphefumlo.
Awuqali yaye awugqibelisi
ukuba ngumama ophethe intliziyo ngesandla.

Xa uphosa amehlo phezulu
ungabona iinkwenkwezi.
Inkwenkwezi nganye ngumthandazo
womama ophakamisa abantwana bakhe.

Nawe wenjenjalo:
wongeze inani leenkwenkwezi ngawakho amazwi.

IINKWENKWEZI ZASENGXAXHA

Sawela iTsitsa neTina
Sahamba imini yonke
Safika ebusuku.

Ngumnqa ukwamkelwa ziinkwenkwezi:

Ndandiqala ukubona iinkwenkwezi
'zinje ngeswekile echithelwe kwilaphu elimnyama.

Kukho ukukhanya kweenkwenkwezi esingakwaziyo
'ngenxa yezibane zenkqubela.

ELANGENI

Ndicingana namagama:
Uluhlaza
Ukuhlaziya
Ukuhlambulula.

Umthi uthini?
Uthi sondela

IBHABHATHANE

Sondela,
Yiza ndikuhlebele:
Kukho ibhabhathane elihlala esifubeni

Lihleli lilinde ukukhululeka.
Alihluphi nto nje lifuna ukuphaphatheka

Lizolile liyandisebezela.
Ngezinye iimini ndiyaliva
Ngezinye iimini andivakalelwa.
Ukusebeza kwalo kusisikhumbuzo
Lithi, 'Zakhe.'

Sondela,
Lithi mandikusebezele nawe:
'Zakhe.'

IXHANTI LAM

umhlaba ongcwele, ongangenwa nangubani na
ubiyiwe, usisiboniso sekhaya
kulapho kuhlanganwa khona nezinyanya, abangasekhoyo.
kulapho kungxengxezwa khona,
kulapho kubulelwa khona.
indawo engcwele engangenwa nangubani na.

eli ixhanti lelam.

indawo yam.
ndihamba nayo maxa onke.
ixhanti lam, umzimba wam,
isiboniso salapho ndisuka khona
somntu endinguye.
iqokobhe eligcina umphefumlo wam,
ubuni bam,
intliziyo yam.
indawo engcwele.

ixhanti lam ndim

UMTHI WOMNQUMA

Bendihleli nomthi womnquma
Ndinethemba
Lo mthi uyakuvutha ube lidangatye
Okomthi owavutha wabiza uMosis.

Khange ude uvuthe lo mthi.
Uye wathula
Wandenza ndazibuza imibuzo.
Wandihlalisa phantsi kwentabakazi
egama ndingalaziyo.

Wandiphilisa.

INDEBE YAM IYAPHALALA

"Uyithambisa ngeoli intloko yam,
Indebe yam iyaphalala"
— *IINDUMISO 23:5*

xa bendingubani?
'de ndibekeke kangaka?

Imibuzo ivela kwingqondo ephitheneyo
kwintliziyo ephalalayo, eyaphukileyo
ndiyintliziyo engazolanga
kodwa
uthando
luthi ndingumntu
luthi nam ndinako
luthi andisweli nto, ndiphelele ndinjenjenje
olu thando luyaphalala
alubambeki
alunako ukunqanyulwa
alupheli
lunyanisekile
lusuka embindini
indebe yam iyaphalala
luthando

IINYEMBEZI II

Ndinento yokufihla iinyembezi
Ndiziqoshelisa njengomgobo welaphu.

Kodwa ngezinye imini ziye zifike iinyembezi
njengemvula efika ebusuku.

Wena uyazibona.
Wena uyazikhongozela
ngezandla zombini,
uzibutha ngenkathalo.

Iinyembezi zam ezandleni zakho
zisis'pili,
isikhumbuzo:
iinyembezi zinkcenkceshela imbewu.

Ngenye imini iya kuhluma intyatyambo

IZITHUNYWA ZEMVULA

Ukhe uwabukele amafu?
Ngamanye amaxesha athule... cwaka.
Ngamanye amaxesha avuthuze njengomsindo.

       Bendiwabukele esuka eNtshona ethunywa
                           eMpuma.
       Nangona efukame imvula khange azixheshe.
       Ndinento ethi ade afika
                apho ebesinge khona.

Yana imvula
Yawenza umsebenzi wokuphelisa imbalela.
Yapholisa umhlaba
Yaphilisa.

Abo bade bayifumana loo mvula
Abakubonanga ukuchwechwa kwala mafu
Kodwa ade afika
            apho ebethunywe khona.

IYEZA

Amanzi
Ukuphuma kwelanga
Ukuphunga
Ukubonwa ngulowo ukuthandayo
Isifuba negxalaba elingagungqiyo
Umculo othuthuzelayo
Ukugcakamela ilanga

IMIZUZWANA

Kukho
 isimemo
  esihlala
   sihleli
    sithi:
     zola
     ntliziyo,
     thula,
     wazi.
    phumla.
   zimamele
  zithande
 zazi.

IMVUSELELO

Ndiye ndiyiqonda into'kuba
ndinguye endinguye
Nam ndingowaKhe.

Ubumnyama bam,
ubumdaka bam,
ubuqaba bam,
nobugqobhoka bam
namazwi am
ayintsholo kowandidalayo.

Ilizwi lam lelam.
Ndinguye endinguye.

Akukho nto entsha kwesi sibhengezo
Abanye bayazithutha bazilande,
Abanye bahlaba ifolo eyeyabo bezimisele
ukuzimela
Mna ndikhetha zombini.

Iinyawo zam nezandla zam zizotywe ngendlela yazo
ethi mna

Ndinguye endinguye.

IMIHLA NGEMIHLA

Thina imihla ngemihla
Sikhongozela amandla
Sotha kumlilo ongacimekiyo
Silungiselela apho kungenje.

Thina imihla ngemihla
Siyazikhulula emakhamandeleni
Siyayihlikihla imikhwa esibophelelayo
Silungiselela apho kungenje.

Thina imihla ngemihla
Siyaxhentsa
Sikhupha ishwangusha

Silungiselela apho kungenje

Thina imihla ngemihla
Siyazikhangela
Siyazizungeza
Siphikisa abo bathi asizonto

Silungiselela apho kungenje.

Thina imihla ngemihla
Siyazibumba

Silungiselela apho kungenje.

UBOMI

Kukho inzonzobila eyoyikekayo
Kodwa masiye.

Kukho iindawo ezisikhumbuza ubuze bethu
Kodwa masiye

Kukho iindawo ezisiveza ubuqokobhe bethu
Kodwa masiye.

Kukho iindawo ezityhila Ubuntu bethu
Masiye.

Kukho iindawo eziqinisa ufokotho
Masiye.

Kukho amahlathi afihle ubugqi bentliziyo
Masiye.

Kukho indawo eya kuba sisiguqo sethu.
Masiye.

INTLIZIYO

Oogqirha bathi le tumour iphakathi entliziyweni
apho kuhlala khona igazi.

Ndinombono wayo le tumour:
ihleli izinzile
ithe khakhalala
izakhele umzi ngaphakathi etliziyweni.
Kutheni le nto ingagxotheki?

Nayiphi na into engamkelekanga iyagxotheka
Kodwa esi isimanga sifukame ngaphakathi entliziyweni.
Akwaba singayiyela emapoliseni okanye emagqwetheni
siyongamele ngomtheto othi:
unentsuku ezisixhenxe uphume apha ngo'ba
umninimzi uthi uqhekezile, wagqobhoza ifestile,
watyhala umnyango ngenkani
kodwa akhonto yakho ilapha.

Nali ilishwa lisijongile:
Oogqirha bathi le tumour iphakathi entliziyweni.

WENA

Izandla zam zilangazelela ukukukhongozela

Amehlo am anqwenela ukubona ubuso bakho.

Isifuba sam sithi wena.

Ingalo zam ngamaphiko ayakufihla ubuqu bakho.

Inyawo zam ziyakuya apho kukho ilanga elingatshisiyo

Intliziyo yam inesingqi esibiza igama lakho

Umzimba wam wonke ulinde wena.

IKHAYA LAM

Ndibalekela kuwe
       undisonge
       undondle
       undihlekise
       undihlambe
       undithuthuzele
       undambathise
       undiphulule
ubopha amanxeba am endiwafihlayo.
Emva koko uthi mandihambe
Ndibengumntu ebantwini.
Ndibalekela kuwe
Kuba ndiyathandwa nguwe
Nawe uyathandwa ndim.
Ungowam.
Nam ndingowakho.

IZANDLA

Izandla zakho zindikhumbuza ubuni bam
Ziyingoma endinika ukuthula
Ziyandiqokelela

Xa ndikukhumbula
Ndicinga izandla zakho.
Zona zindazi njengobusuku neenkwenkwezi
Zazi apho ndithambe khona
Zazi nendawo endizifihlela kuzo.

Izandla zakho zindikhumbuza
Amanz' omlambo ongangxamanga
Umlambo othuthuzelayo
Umlambo osebezayo,
Ndize ndikwazi ukuphumla.

Izandla zakho ngamehlo abukayo
Ukuqala ebunzi
Uyo' phuma ngeenzwane

Izandla zakho zindityhilela iimfihlelo zalo mzimba wam.

IDINGA

Sabizwa lilanga.
Ulwandle lumenyezela njengesipho esibalulekileyo.
Amafu esebeza esibongoza ukuba sikhawulelane mna nawe.
Isibhakabhaka saba sisimemo esithi: konke kulungile.

Ukuzimela nawe kwaba liyeza eliphilisa umzimba.
Intliziyo yam uyifundise ukuba iyakwazi ukunaba igcakamele ilanga.

AMACEPHE

Umqolo wam uthi nca esifubeni sakho.
Amathanga am athi nca emathangeni akho.
Imilenze yona iphithana njengeentambo.
Ingalo yakho isonga isinqa sam; ndelekelise ngeyam ingalo,
Enye ingalo isingatha intamo yam.
Isandla sakho ndisidibanisa nesam isandla.
Impumlo yakho ithi nca emqolo
Umphefumlo wakho uthambise umqolo wam.
Naxa urona uronela kulo mqolo wam.
Nokuba singaguquguquka ebusuku sikhabe neengubo
Nemilenze yoluleke
Ubalekele kwelakho icala lebhedi ngenxa yokubila kwemizimba
Ingalo zam nezandla zam zikukhangela ubusuku bonke
Silala ngathi singamacephe edrowini.

S'THANDWA SAM

Akwaba bendinokukhumbula mhla uqala ukundibiza ngala mazwi
Ndinento ethi wawungandijonganga ngenxa yomjojo.
Wawuveza elinye icala lakho elingabonwa nangubani.
Kodwa ngokubetha kolwimi ndazibonela ukuthamba kwakho

S'thandwa sam
Uyawasebeza hleze ilizwe likuve
limoshe le nto siyakha ngezandla ezingenabuchule.
Mhlawumbi uyasebeza ngenxa yokuba siyabana mna nawe.
Kodwa endikwaziyo kukho into ekhululekayo emagxeni xa usithi
sthandwa sam.
Mhlawumbi ndithanda le nto usebeza
okanye ndithanda la mazwi alula kangaka:
S'thandwa sam
Isithandwa sam
Esi sisithandwa sam.
Mna ndisisithandwa sakho.

Sam: uyandibanga
Isithandwa: uyandibona.

UTHANDO

Uxolo 'va.

'Iza ndiphuze.

Awulambanga?

Ndiyakukhumbula.

Awusemhle mntu wam.

Ndicela undincedise.

Mas'ambe siyolala.

Imnandi?

Sondela ndikombathise.

Ubawela ndipheke ntoni namhlanje?

Ndicela uzondihlalisa ekhitshini.

Kutheni ingathi uyagodola?

Ndicela undiphathele amanzi.

Mandikwenzele into yokuphunga.

Masihlebe.

Andiyithandi le nto uyenzayo.

Ndicela undiphakele i-ice-cream.

Masifote.

Ndikuphathele ntoni eshop?

Ulele njani?

Ubuye nesonka.

Ungabuyi eb'suku kakhulu.

Uphuphe ntoni?

Ndicela uze ne-toilet paper.

Khawundikhaphe.

Ndidiniwe.

Ndicela undirawuzelele umqolo.

Ulele?

Ndicela undibase-e intloko.

Khawundigalele amanzi ebhafini.

Mas'ambe.

Utheni apha?

Urhalela ntoni?

Andiyi ndawo.

Ungumamni kanene?

Ugqibele nini ukuya elibrary?

'Izobona inyanga.

Ngas'ke ndingaphumi ezingubeni.

Ufuna sibukele ntoni?

Ibinjani imini yakho?

Khawundiphe.

Undiqumbele?

Ingathi awonwabanga.

Uthe cwaka; uhlutshwa yintoni?

Uyandimosha kodwa.

Kudala uvukile?

Masithandaze.

Kumnandi ukuthandana nawe.

APHA

IKAKA

Umama wakhe wandibalisela ngento eyathethwa nguBhele.
U1994 wayesondele, ilizwe lijongene nenkululeko.
Uthi umama babe sesibhedlele eFrere beyokubona ubhut'Xola.
Babethe chuuu noBhele ngenxa yokuqhwalela.

Uthi umama xa ebalisa:
"Ndiyambona ujonge phantsi unikina intloko.
Ndibuze 'Yintoni na nkazana? Uhlutshwa yintoni?'
Aphendule uBhele,
'Hayi ndiyacinga; ekhe bakhululeka abantu abamnyama
izakuba yikak' apha, yikak' apha, yikak' apha...'
Watsho ekhomba phantsi ingathi uyazibona iziqhuma zale kaka
athetha ngayo."

About two billion people in the world do not have basic facilities,
with nearly 700 million having to relieve themselves in bushes,
in water and in streets.

I wonder u'ba angathini uBhele
xa enokuva ukuba kukho umntwana
owasweleka ngenxa yekaka:
uMichael Kompape watshona kumngxuma
warhaxwa yikaka esikolweni.
Ityala lakhe lime ngxi enkundleni.
I wonder angathini uBhele
xa ndinokumbalisela ngeetoilet zaseKhayelitsha;
apho kudwela khona zibentlanu.
Kuphethe umntu omnyama; abantu abamnyama bakakela phandle.

I wonder angathini uBhele
xa enokuva ibali likaChumani Maxwele:
mhla uChumani elanda ikaka ukuze ayinyibhele kwisitatyu
    sikaRhodes,
zange asokole. Ikaka wayilanda koopota-pota baseKhayelitsha
wenyuka nalo ibhakethi waya eUCT.

Inoba uBhele angakhuza ukuba
'Yhu shem! iKapa linelishwa yekaka!'
Kukho naba bachitha ikaka e-airport kwakunye nasedolophini
nakwimoto kaHelen Zille.

Ndinento ethi uBhele wayenyanisile:
Ekhe abantu abamnyama bakhululeka bazokudibana nekaka.
Xa abantwana betshona ekakeni
le nkululeko yikaka yenkululeko.

RAYI-RAYI

Rayi-rayi rayi-rayi
Ndinandlu yam
Eyakhiwe phezu kwamanzi

Rayi-rayi rayi-rayi
Ndinanto yam ibaluleke
Igqitha abantu

Rayi-rayi rayi-rayi
Ndinabantu bam
Abathembisa izulu nomhlaba
Kodwa abananto esandleni

NGOOBANI ABA?

Ungqengqe ngomqolo, ugqitywe ziindywala
Akukhw' apho aya khona
Akukhw' apho asuka khona,
Umahamb' ehlala, umahla-ndinyuka.
Ngumhambi wohambo olungqunga nolungqisha ndawonye.

Luphi usapho?

Iphi inzala yakhe xa etshiswa lilanga phambi kwethu?
Ingaba abamboni ungumntu na?

Usana olunomkhwinya olukhala okokoko lusemqolo,
Omnye umthwalo usemagxeni.
Baphi abantu bakhe?
Ukhatshwa ngubani kobu bomi?
Kutheni echophe ecaleni kwendlela ebukela abanye abantu besidla ubomi?
Ulinde ntoni na?

Omnye uvuka ngentseni...
aqoshelise ifleyimu yakhe
iimbiza, amafutha nenyama yakhe.
Uxhomekeke kwababethwa liphango ukuze akwazi ukutya yena nosapho
    lwakhe.
Ngomnye wequmrhu elihlala ngereyi lithengisa esitratweni,
ulinde abantu.

Kutheni ubomi babo bungenaw' umongo?
Izandla neenyawo ezisebenza kuba zimele ukushukuma.
Ingaba ngabakabani na aba?

EDOLOPHINI

Ikhona indaw'edume izwe lonke ematyotyombeni silahl'umlenze

iOrange Grove
igcwele amaphupha
Isidima siqunywa ngezivatho zecawa.
Igali ngalinye lakhiwe ngeminqweno yokuba ngenye imini
ubomi buyakutshintsha: igali liyakushiywa kuyiwe ehesini.
Amaphupha abonakala kwinani lamagumbi,
kwikhethins kunye neduveyi.

Ikhona indaw'edume izwe lonke ematyotyombeni silahl'umlenze

eZiphunzana
Kukho ivumba lamanzi anePreen namafutha aphekwe lilanga
Abantu abapheli estratweni
Behla besenyuka,
Abantwana badlala ethulwini.
Ityotyombe nganye loyame ngelinye.
Wakungena ngaphakathi ungena ekhitshini, eroomini, elounge
    nasebathroom:
Yonke into ilapha.
Xa uhleli phezu kwebhedi kuvakala iindaba zabantu abadlulayo,
    ingathi balapha endlini.
Xa kunetha akulaleki: amanzi achiphiza phezu kwebhedi,
    angena ngomgubasi.
Iitoilet ezikhoyo zezomntu wonke
Zinuka isifo sokuswela isidima
Ivumba leparafini sisiqholo esingasukiyo empahleni.

Ihona indaw'edume izwe lonke ematyotyombeni silahl'umlenze

eKhayelitsha
Ubomi bakhiwa phezu kwesanti.
Xa kunetha kuvuka amaza
Ipozi ngalinye liginywa ngamanzi.
Iitoilet zikawonke-wonke zimile, zibukele, ziyanyonyozela.
Umlilo lundwendwe oluqhelekileyo
Ufika uhlafune yonke into: icardboard, iplastic, iibotile, iifestile,
    izinki nemizimba yabantwana.

UMLUNG'KAZI

Umbona ngendlela asineka ngayo akuva intsini yabantu abamnyama.
Umona wakhe uzotywa ebunzi xa esonga amashiya kukonyanya
Umbona nasemlonyeni ngendlela ashwabanisa imilebe yakhe.
Akhonto ingumona womlung'kazi.

Xa engonwabanga uqale alaqaze ekhangela iqumrhu lakhe.
Xa engaliboni uphefumlela phezulu
Umbone ukuba unesifuthufuthu.
Ude abile phezu komlomo nasebunzi.
Akhonto ilikratshi lomlung'kazi.

Ingakumbi kwindawo efolisayo.
Umbone ngokubhekabheka.
Ekhangela umphathi anokukhalaza kuye.
Uchuku lwakhe lumhlala emagxeni nje ngesipaji sakhe.
Akhonto iluchuku lomlung'kazi.

Uqale aqhwanyaze esinekile, ezama ukufihla umsindo wakhe.
Umhanahanisi omkhulu.
Kulandela umlomo ontshuntshu kudumbe nezidlele.
Emva koko kulandela iinyembezi.
Akhonto izinyembezi zomlung'kazi.

KHWELA SISI, UYA PHI?

Khwela sisi, uya phi?
Ndiya eZiphunzana.

Ilanga lalisithela
oonobhalans babeqoqosha itafile zabo
bebala itshintshi yosuku.
Isiphithipithi saserenkini
sasiyondelelana.

Khwela sisi, uya phi?
Ndiya eZiphunzana.

Amaphela akhawuleza agcwala.
Abantu bengxamele ukubuyela kuloo mingxunya
abayibiza ukuba ngamakhaya.

Khwela sisi, uya phi?
Ndiya eZiphunzana.

Esona siphithipithi sisithele.
Sisithiwe kwiliso lenyama.
Uvalo.
Ukwazana nobukhaphukhaphu bokuhlala eZiphunzana.

IMIPHANGA

Ndikhule simamela imiphanga kuMhlobo Wenene

Inkqubo yayiqala sisahlamba izitya
Yayikhatshwa ngumculo ozolileyo

Kodwa kwezi ntsuku imiphanga ifika ndiziphilela ubomi bam.
Imiphanga ifika ingathi sisicotho.

Ifika ingamanani akhwanqisayo
Amanani angenamagama.
Imizimba engamanani.

Ayikho nemithandazo emakhaya.
Imingcwabo siyibukela sisemakhaya.
Sithuthuzelana kuTwitter, kuFacebook nakuWhatsapp.
Umkhonto siwuthumela nge e-wallet.

Singabantu abahamba nemivumba yokulahlekelwa.

UMONGAMELI

Ilizwe lalisindwa lilifu lokufa
Indlebe zazisithi nxwee ziindaba
Lokuqunyulwa nokunqunqwa kwemizimba yabantwana neentombi

Kulapho sabona impazamo kamongameli
Ngelishwa lakhe waphazama simbona
Salibona ihlazo lakhe sihleli kwiindawo ngendawo.
Sambona sikude ukuba uliqokobhe lomongameli.
Wabhidwa ukulandela isikhundla sakhe:
umongameli
ukongamela
umongi

Sambona ephithanisa amagama
Ebhibhidla amazinyo, esineka
*These killings have caused great pain and outrage throughout the
whole country because odds of such brutality... LET'S START AGAIN
I MADE A MISTAKE!*
Walandelisa ngokhohlokhohlo olunyabileyo
Should I go? My fellow South Africans, our nation is in mourning...

Ngekungcono ukuba ahlale esitulweni asothule isijwili
Awayeke amazwi kuba amohlule.
Ngekungcono sibone indoda elilayo kunendoda esisihamham.
Impazamo yakhe yenze khaphukhaphu ubunzima esiphila nabo
    singamanina.

Ubuso bakhe baveza ukungakhathali kwakhe.
Amazwi akhe aphaphatheka okwegqabi
elomileyo lisuka emthini.

Phofu le mpazamo yenzeka
ngenxa yokuba kwakusekudala kubuziswa ukuba
uphi umongameli?

Zange ndithuthuzeleke.
Zange ndothuke.
Angakwazi njani ukuthuthuzela ilizwe
ngezandla zakhe zigcwele igazi laseMarikana?

APHA

Kumnandi u'ba lapha
It's nice to be here

Apha kule ndawo: isikhumbuzo somhlaba owaxuthwayo.
Apha kwezi zitrato sinyanzelwa ngomolo "ek se baby... hela
   ndithetha nawe"
Apha kwizikolo ezisigobisa ulwimi
side singakwazi ukuthetha nezinyanya zethu.
Apha emakhayeni agcwele amadoda anukelwa ligazi leentsana.
Apha kulo mhlaba sihlohlwe kuwo ngenxa yemithetho kaVerwoerd.

It's nice to be here
Kumnandi u'ba lapha

Apha kwiinkonzo ezipethwe zinkokheli ezigxotha uYise, uNyana
   noMoya oyingcwele.
Apha kule palamente efumbathe imithetho ekhusela izidlwengu.
Apha kuhraxwa abantwana ngevumba lekaka ezikolweni.
Apha kule ndawo kuvuthululwa izigidi ngezigidi zemali.
Apha kweli lizwe abantu abamnyama bathe ngcu okwe ndwendwe
   ezichophe ngasemnyango zingamkelekanga.

Kumnandi u'ba lapha
It's nice to be here

ILIFA

Ezi ngcondo
Le mpumlo encinci
Ezi zandla ezigadalala
Nezi nwele ezishinyeneyo

Igagu
Ukundweba
Ukuzigqatsa
Ukuzithanda
Ukuzidla

Andinamfuyo
Andinandlu
Andinamhlaba

Printed in the United States
by Baker & Taylor Publisher Services